커피 앞에서 쓰기

김영주 지음

지은이 소개

김영주 | 밑줄수집가. 영상, 소설, 에세이 등 다양한 분야에서 글을 쓰며 매일 아침 책상 앞으로 출근해 책을 굽는다. 에세이집 《오늘의 온기를 채우러 갑니다》, 《아침의 토스트》, 장편소설 《증발된 여자》, 앤솔러지 《7맛 7작》에 수록한 단편 <커리우먼>, 초단편 《모퉁이 빵집》 등을 썼다.

- 이 책은 늘 가지고 다니는 가벼운 포켓 수첩 한 권에 그날그날 떠오른 생각을 적어 둔 짧은 기록들입니다. 스쳐 간 감정, 누군가의 한마디, 우연히 보게 된 낯선 풍경. 그 모든 것들이 모여 한 권의 책이 되었습니다.

- 이 책은 한 번에 다 읽지 않아도 괜찮습니다. 아무 페이지나 펼쳐 읽어도 좋고, 하루에 한 장씩 읽어도 충분합니다. 이 책이 친구의 작은 수첩 한 권처럼 소소하게 읽히길 바랍니다.

- 우리는 매일 너무 많은 것들을 봅니다. 거리 광고, 끝없는 쇼츠와 릴스, 쏟아지는 뉴스들. 잠깐이라도 작은 수첩 한 장만큼의 여유를 가질 수 있으면 좋겠습니다.

- 페이지 사이, 간단한 메모나 그림을 그릴 수 있는 빈칸이 마련되어 있습니다. 책을 읽다 떠오르는 여러분의 영감을 기록해 보세요.

여름

| 마트에 갔더니 한쪽 가득 수박이 쌓여있었다. 문득 스무 살쯤, 슈퍼마켓 캐셔로 아르바이트하던 시절이 떠올랐다. 한여름, 커다란 수박 하나를 3천 원에 주신다길래 욕심껏 두 덩이 샀다. 가지고 갈 방법은 따져 보지도 않은 채. 양손에 비닐 끈으로 묶은 수박을 들고 휘청대며 집으로 돌아가던 길, 갑자기 쏟아지는 소나기를 맞고 빗길에 그대로 넘어지고 말았다. 깨어져 빨갛게 드러난 수박 속살 위로 무심하게 내리던 빗물과 수박 물이 든 티셔츠. 끝내 빈손으로 집에 돌아오며 엉엉 울었다. 이후, 그 일은 두고두고 이야기할 웃지 못할 추억이 됐다. 어처구니없이 무모했던 스무 살 여름. 그날, 수박 옮기기에 성공했더라면 내가 한때 슈퍼마켓 캐셔였었다는 사실은 까맣게 잊고 살았을지도 모른다.

| 나는 내 친구 M을 바다에서 잃었다. 친구들과 떠난 첫여름 여행이었다. 월드컵 응원을 한 바탕 치른 다음 해였을 것이다. 그날 함께 바다에 놀러 갔던 친구들은 모두 신발까지 잃어버렸다. 모래사장에 신발을 벗어 묻어두고 물속에 뛰어들었었기 때문이었다. 맨발로 버스를 탔는데도 하나도 부끄럽지 않았다. 이후 리아의 <네 가지 하고 싶은 말>이라는 노래를 알게 되었다. 그해 여름 내내 그 노래를 들었다. 가사를 보며 작사가도 우리와 같은 일을 겪었던 걸까, 생각했지만 그렇다고 딱히 비하인드를 찾아보지는 않았다.

| 여름에 만난 사람들은 모두 여름의 모습으로 기억에 남는 것 같다. 두꺼운 외투를 입고 만나는 날이 왔다면 그는 이미 꽤 가까운 사람이 된 것이리라. 다행히 아직 그런 사람들이 몇몇 남아있다.

| 각별했던 친구 H도 몇 해 전 여름에 떠났다. H가 있던 마지막 여름에 주고받던 카톡 메시지들은 아직도 남아있지만, H의 이름은 (알 수 없음)으로 변경되어 있다. 나는 이제 H가 어디에 있는지 알 수 없다.

| H와 자주 가던 시장 안 반찬 가게에서 오랜만에 오이소박이를 샀다. 인기가 많아서 갈 때마다 한두 개밖에 남아있지 않은. H가 아니었으면 나는 거기 오이소박이가 얼마나 맛있는지 알 수 없었을 것이다. 오이소박이 맛은 변함이 없었다. (이 글을 쓰고 몇 달 지나 반찬 가게도 폐업했다)

| 여름에 혼자 강릉에 갔었다. 처음으로 혼자 가는 여행이었다. 바다를 보고 물회를 먹고 커피를 마셨다. 노트북을 가져가 글도 조금 썼다. 맥주도 마셨다. 새로 지은 숙소에서 기념품이라며 어린 꽃 화분을 주었고, 그것은 이제 꽃나무가 되었다. 아직도 가끔 누구에게도 공유할 수 없는 그때가 그립다.

사라진 장소들

| 여름이면 찾아가는 조용한 카페가 있었다. 2층 건물이었던 그 카페에서 내가 가장 좋아하는 자리는 창가 앞 구석 자리였다. 거기에 있으면 맞은편 건물 아래 담배 피우는 사람들, 커다란 가로수 나무 하나가 보였다. 그렇게 좋은 풍경이라고 할 수 없었지만, 완전히 가로막히지도, 공개되지도 않은 그 장소에서 아늑함을 느꼈다. 한 번은 폭우가 내려 한참 동안 내리는 비만 바라보고 있었다. 고양이 한 마리가 비를 피해 달려갔고, 오토바이로 운송하던 남자가 비옷을 입고 서둘러 건물 안으로 들어가는 모습이 보였다. 공간은 다시 텅 비어 있고, 비는 계속 내리고, 나는 또다시 무언가 내게서 사라진 것을 알았다. 이후 그 카페도 사라졌다는 소식을 들었다. 내가 가진 여름 중 하나가 또 사라졌다.

| 횟집이었다가 큰 화재를 겪고 난 후 다시 오픈한 선술집이 있었다. 내가 아는 대부분이 그곳에서 주말을 보내던 때도 있었지만, 이제는 거의 연락이 끊어졌다. 그러고 보니 십수 년 전 일이다. 어느새 완벽한 타인이 된 사람들과 술에 취해 웃고 울었던 나날들. 가게는 사라졌지만, 그때 기억은 타다 남은 재처럼 희미하게 흩날릴 때가 있다.

| 나의 첫 작업실은 낡은 주택 건물에 있던 뒷방이었다. 첫 직장 동료이자 절친이 된 H와 함께 벽을 꾸미고, 낡은 책상에 락카를 뿌리고, 곰팡이를 지우며 서너 달을 보내다가 오피스텔에 있는 제대로 된 두 번째 작업실을 얻었었다. 우리는 그 두 개의 작업실에서 20대 중반을 보냈다. 작업실을 정리하던 해, 우리는 서울로 떠날 결심을 했다. 그때의 결정이 옳은 것이었는지, 아니었는지는 지금도 잘 모르겠다. 그걸 물어볼 H도 이제는 사라지고 없다. 가끔 궁금해진다. 우리가 그때 작업실을 정리하지 않고, 서울에도 오지 않았더라면 지금은 어떻게 지내고 있을까.

| 언젠가는 모든 곳이 사라질 것이다. 지금 내가 앉아 있는 소파 테이블도.

주고받기

| 나는 예전부터 주변 사람에게 작은 선물 하는 것을 좋아했다. 주고 나면 곧 잊었다. 시간이 좀 지나서 친구가 네가 준 것을 잘 사용하고 있다는 소리를 들으면 내심 놀라기도 했다. 친구는 그런 나를 '쿨하다'며 예쁘게 포장해 주었지만, 실은 그게 아니었다. 스스로 인정하고 싶지 않았지만 나는 내가 준 것을 잊을 정도로, 무심한 인간이었다. 은연중, 주는 행위를 통해 내 기질을 보완하려고 했던 것이라는 걸 이제는 밝힐 수가 있다.

| 그래도 주는 일은 대체로 즐겁다. 무언가를 줄 때는 그것이 상대에게 곤란한 것이 되어서는 안 된다. 먹는 음식이 특히 그런데, 상대방의 체질이나 입맛에 맞지 않을 수 있고, 간직하기도 애매하기 때문이다. 만약 먹을 것을 주어야 한다면 차나 커피 등의 마실 거리가 좋다. 가벼운 디저트도 괜찮은 편이다. 그런 것들은 대부분 패키지도 아름답고 가벼운 편이라 받는 상대들도 대부분 좋아해 주었다. 물론 이것 역시 상대가 카페인이나 당분을 어느 정도 수용하는지 정도는 파악할 수 있는 관계일 때 줄 수 있다.

| 가장 애매한 것은 책이었다. 내게는 너무 좋았던 책이 상대방에게는 짐이 될 수도 있다는 걸 아주 나중에야 알았다. 내가 좋아하는 것을, 너도 좋아하면 좋겠다는 마음. 어쩌면 좋아해 달라는 강요. 돌아보니 다분히 이기적인 마음이었다. 문득 귓등이 뜨거워진다. 그동안 책을 너무 많이 선물했다. 너무 많이.

| 줄 수 있다면, 받을 수도 있어야 한다. 관계는 탁구처럼 주고받는 것이었다. 한쪽만 계속 서브하면 결국 지치게 되어 있다. 주는 쪽이나 받는 쪽. 혹은 둘 다.

| 물론 주고받지 않는 관계라도 나쁠 것은 없다. 그러나 관계가 깊어질수록, 지속되는 과정에서 주고받기를 무시할 수는 없다. 꼭 물질이 아니라 하더라도 '마음'이란 것이 있기 때문이다.

| 마음을 주고받는 것이야말로 가장 어려운 일 중의 하나다. 그런 관계가 지금 내게 얼마나 남아있는지 생각해 보는 요즘이다. 다행인 것은 그런 것을 생각해 볼 마음이 아직 있다는 것이다. 아무것도 남아있지 않았더라면 그런 생각조차 하지 못했을 것이므로.

아침, 도서관

| 아침에 일어나면 입안을 헹구고, 따뜻한 물을 끓여 내 책상으로 가져간다. 크게 기지개를 켤 때도 있지만, 마음이 바쁠 때는 그것조차 잊는다. 대신 책상 위에 있던 접이식 독서대를 펼쳐 손에 잡히는 대로 읽을 책을 한 권 골라 올려둔다. 20분 타이머를 맞춰두고 독서를 시작한다. 책이 잘 읽히는 날도 있지만 더러는 읽히지 않는다. 멍한 채로 글자만 넘겨보다 조금 정신을 차렸을 때 20분이 되었음을 알리는 알람이 울린다. 고양이 밥을 줄 시간이다. 남은 책은 오후에 읽어야겠다고 생각하며 자리에서 일어서지만, 다음 날 아침이 되어도 책은 그 자리에 그대로 있다.

| 아침은 도서관에 가기 가장 좋은 때이다. 아침의 도서관은 늘 고요한 활기로 가득하다. 도서관에는 다양한 사람들이 있다. 다들 무언가를 읽거나 쓰고, 보고 있다. 말 한마디 하는 것도 조심스럽고 작은 기침 소리에도 민감해지는 사람들의 눈초리에 더 주의를 기울여 조용히 움직이게 된다. 진도가 나가지 않던 책도 도서관에서는 읽힌다. 가만히 의자 등에 기대어 앉아 있는 것도 도서관에서는 묵상의 시간이 된다. 멍때리기 가장 안락한 장소를 추천한다면 도서관이라고 할 것이다.

| 지금 우리 집과 도서관 사이에는 거리가 꽤 있다. 이사를 하게 된다면 무조건 '도세권'으로 가겠다고 생각했었다. 카페 작업이 일상화되면서 그런 마음은 잠시 잊고 있다가 다시 방문한 도서관에서 잊힌 것들을 다시 찾았다. 이를테면 정적 아닌 정적. 우연히 내 눈에 띈 운명 같은 책들. 길에서 주운 지폐 같은 문장들(물론 길에서 주운 돈이 내 돈이 아니듯 이 문장도 내 것은 아니다). 게다가 모든 것이 무료이다. 물도 책도 공간도. 그 모두를 온전히 누리기 위해서는 아침 일찍 나서야만 한다. 그 정도 성의는 보여야 한다.

| 소속이 없거나 일이 없을 때, 아침에 일어나면 출근하듯 도서관으로 향하던 시기가 있었다. 국립 도서관에 가면 가끔 나와 비슷한 처지의 지인을 만날 때도 있었다. 암묵적으로 서로의 상황을 파악한 후 건네는 안부와 어색한 웃음. 때로 약간 더 여유 있는 쪽이 밥을 사기도 하고. 예전보다 도서관이 많아져서 다행이다. 다들 각자의 아침에서 안녕하신지.

일요일

| 내게 일요일은 이제 휴일이 아니다. 회사를 나온 이후부터 그랬을까. 꼭 그것 때문만은 아닌 것 같다. 예전에는 일요일의 분위기가 따로 있다고 생각했었다. 동네를 산책하다가 문이 닫힌 상점을 볼 때나 해가 지고 있는 하늘을 볼 때 느껴지는 우울감 같은 것. 그런 건 주 5일 혹은 6일로 일하지 않아도 느낄 수 있는 것들이었다. 어쩌면 일요일은 어린 시절부터 유지해 온 습관 같은 것인지도 몰랐다. 요즘은 일주일 중 며칠이 더 그렇게 느껴지는 순간이 자주 있었다. 때로 일요일인지도 모르고 지나치는 순간도 있었다. 물론, '순간'이란 말은 비약이지만. 일요일을 느끼며 살 때는 확실한 무언가가 내 안에 있었다.

| 지금은 모든 것이 흐릿해져 버렸다. 어째서인지 모르겠다. 단순히 하던 일을 중단해서인지, 쓰던 소설의 진도가 더는 나가지 않아서인지 알 수 없다. 흐릿한 상태로 가만히 뜸 들이는 시간이 길어졌다. 성격 급한 나로서는 상상도 할 수 없는 나날이 이어지고 있다.

일요일. 일요일. 일요일.

일요일을 반복하는 기분으로 지내는 날들. 이래도 괜찮은 것일까.

| 일요일. 냉장고 속의 유통기한 지난 식품들을 몇 개 정리하고, 더는 먹지 않는 남은 김치통도 비웠다. 냉동실에 각얼음을 얼리고, 설거지도 하고, 음식 쓰레기도 버렸다. 바닥 청소를 해야 하지만 엄두가 나지 않는다. 이 오후가 언제까지나 나를 기다려줄 것 같은 착각 때문인지 게으름이 길어진다. 그래도 일요일이니 괜찮다고 스스로 위안해 보기도 하고.

| A는 일요일에는 전혀 연락되지 않는 친구였다. 일요일에 연락하면 다음 날이 되어서야 답장이 돌아왔다. A가 일요일 내내 어디에 있는지, 무엇을 하는지 알 수 없었지만, 굳이 물어보지 않았고 오래전 연락이 끊겼으니 영원히 알 수도 없게 됐다. 어찌 됐든 A는 내가 아는 사람 중 가장 일요일을 뚜렷하게 가진 사람이었다.

| 쉬어가야 한다. 쉬는 중이라도 쉬어가야 한다.

삶의 근력

| 다시 무기력이 찾아왔다. 한동안은 소파에 있어도 책상 앞에 있어도 아무것도 하지 않고 화면만 들여다보거나, 보는 것조차도 하기 힘들어 안절부절못하는 날들이 이어졌다. 그럴 땐 그냥 쉬면 될 텐데 쉬는 방법을 잘 몰랐다. 여행을 갈 기분도 나지 않았다. 아무것도 하기 싫으니 무기력인 거겠지. 뭐라도 하고 싶다면 그것만으로도 성공이 아닌가 싶었다.

| 주 2회는 운동해 보기로 다짐했다. 일명 라운드 숄더. 굽은 등과 어깨를 바로잡기 위해 동생에게 맛있는 밥을 사고, 나름의 트레이닝을 받았다. 막상 시작해보니 대부분 근력운동은 무거운 걸 들어 올렸다가 내리는 것이었다. 그런 줄 알았는데 동생이 내 고질적인 문제점 하나를 말해줬다.

"누나는 들어 올릴 땐 천천히 잘 올리면서 내릴 땐 너무 쉽게 툭 놓네. 그러다가 다친다."

내 인생의 문제가 무엇이었는지 그 말을 듣는 순간 알았다.

| 모든 일을 시작할 때는 공을 들였다. 그러다 어느 순간 그 일이 내 의도와 상관없이 종료되거나 실패하거나 하면 너무 쉽게 미련 없이 돌아섰다. 마치 그런 일은 시작한 적도 없던 것처럼. 훌훌. 한때는 그게 내 정신건강을 위한 옳은 선택인 줄만 알았다. 지나고 보니 그런 일은 없었다. 힘든 건 힘든 건데 회피한 것뿐이었다. 그러다 보니 나중에 엉뚱한 데서 꼭 사고를 쳤다. 동생 말이 맞다. 힘들게 들었으면 놓을 때도 천천히 놔야 한다. 서두르지 말자. 툭 놓지 말자. 그게 내 몸과 마음, 시간에 대한 예의라는 걸 근력 운동 하며 문득 깨달았다. 참, 허투루 인 건 아무것도 없다니까.

| 물론 버티는 게 반드시 미덕은 아니다. 너무 오래 버티면 다음 세트를 못 든다. 리듬감을 가지고 해야 한다. 그게 무엇이든.

그냥 쓰기

| 소설가이자 에세이스트인 대니 샤피로의 책 <계속 쓰기 : 나의 단어로, 마티>에서는 그녀의 작가 친구가 '짧고 나쁜 책'을 쓰겠다고 되뇌면서 소설을 쓰기 시작해 완성한 일화가 나온다. (그 책은 베스트셀러가 되었다고 한다) 그 일에 영감을 받은 대니 샤피로 역시 '밑져야 본전이다'라는 자세로 마감의 위기에 대처했고, 결국 맡은 일을 해냈다고 한다. '짧고 나쁜 책'을 써도 좋다는 마음. '밑져야 본전이다'라는 자세. 결국, 쓰고 봐야 한다는 말이다.

| 일단 최악의 문장이라도 써보자고 생각했다. 뭔가를 쓰겠다고 마음만 먹은 지가 너무 오래되었기 때문이었다. 첫 장편을 출간하고 벌써 4년의 세월이 흘렀다. 소설가로 살고 싶다면 소설을 써야 하고 시인으로 살고 싶다면 시를 써야 한다. 뭔가를 썼었던 것은 추억일 뿐이다. 회사에 다녔다고 해서 지금도 회사원은 아니듯이 책을 냈었다고 해서 지금도 작가는 아니다. 나는 지금 소설을 쓰겠다고 말만 하고 있다. 그러니 현재로서는 소설 쓰기를 계획한 사람일 뿐이다. 물론 꼭 무엇이 되어야 할 필요는 없지만.

| 언제부터 이렇게 생각이 많아졌는지 모르겠다. 생각이 나를 집어삼키는 하루가 점점 늘고 있었다. 생각만큼 공허한 것이 있을까. 생각은 형체가 없다. 생각만으로는 아무것도 되지 않고, 생각은 아무것도 아니다.

| 쓰고 싶다고 하면서 쓰기를 미룬다. 설거지만 하고. 냉장고 정리만 하고. 안 하던 운동 좀 하고. 세탁기 돌리고. 엄마한테 안부 전화도 하고. 친구랑 카톡하고. 커피 한잔만 하고. 고양이 좀 쓰다듬고. 낮잠도 자고. 산책도 하고. 이렇게 카페까지 글 쓰러 나와서도 창밖만 보고 있다. 뭐가 그렇게 겁이 나는 것일까.

| 계속 첫 문장을 고쳐 쓴다. 도무지 다음 문장으로 이어지지 않는다. 대니 샤피로의 친구처럼 짧고 나쁜 책은 커녕 짧고 나쁜 문장도 겨우 쓰고 있다. 오늘부터는 최악의 문장을 써보자. 아니, 그것도 아닌 것 같아. 최악을 쓰려는 자세도 의도고, 노력이지. 그러니 그냥 쓰자. '그냥'에는 이유가 없지만 자유가 있다.

읽기

| 다시 읽기 시작했다. 이전에는 쓰기만 했다. 그러다 어느 순간 멈추었다. 읽을 수밖에 없었다.

| 읽으려면 부러 시간을 들이기보다 언제든 시간이 있다는 것을 깨달아야 한다. 하루 중 읽을 시간이 없다는 것은 시간을 흘려보내고 있다는 의미다.

| 소설을 쓰고자 할 때는 소설을 읽고, 시를 쓰고자 할 때는 먼저 시를 읽어야 한다. 읽지 않고 쓰는 글은 결국 자기 안으로 들어가게 된다. 자기밖에 남지 않게 된다. 밖으로 한 걸음 내딛는 일 중 하나가 읽기였다.

| 읽는 것은 가끔 쓰는 것보다 어렵다. 읽다 보면 유독 잘 읽히지 않는 책이 있는데, 읽다 말아도 괜찮고, 인내를 가지고 끝까지 읽는 것도 괜찮다. 그런 책이 있고, 아닌 책이 있다. 살다 보면 그런 책과 아닌 책도 늘 달라진다. 사람은 결국 변하니까 어쩔 수 없는 일이다.

| 읽으면서 시작한 하루에는 허기가 없다.

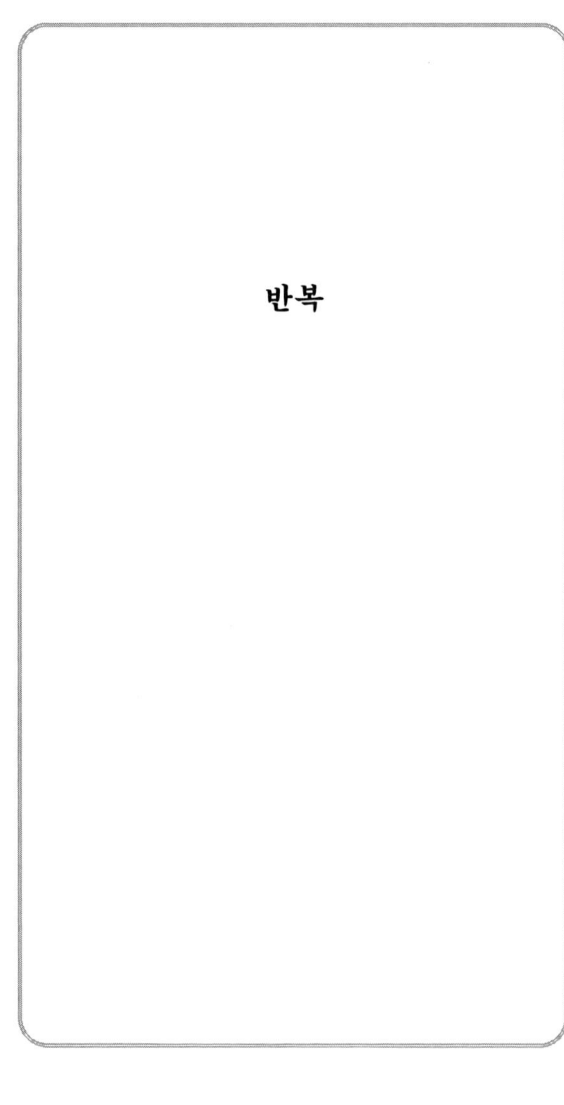
반복

| 매일 소소하게 반복하는 일들이 있다. 아침 일기 쓰기, 독서, 커피 한 잔 내려 마시기, 밥하기, 고양이 밥 주기. 모두가 일상을 채워주는 일들이다.

| 반려묘 영심이는 반복의 대가다. 매일 아침, 우리 부부의 잠을 깨워주고, 사료를 먹는 동안 내가 지켜봐 주기를 당연하게 요구한다. 밥을 다 먹으면 빗질을 받고, 아침에 먹는 피모 영양제 한 스푼을 빼먹지 않고 챙겨 먹는다. 오후에는 침대로 가서 일광욕을 즐기고, 저녁이 되면 소파로 자리를 옮긴다. 저녁이 되면 츄르를 먹고, 약간의 놀이를 한 후 11시 40분쯤이면 자신의 잠자리인 소파로 가서 잘 준비를 한다. 녀석은 자신의 애착 이불을 깔아둬야만 잠을 자기 때문에 미리 소파 위에 준비해 두어야 한다.

| 어제 오후, 친구를 만나러 가는 경기 버스 안에서 노래 한 곡을 반복해서 들었다. 반복해서 들어도 질리지 않는 곡이었다. 무심하게 반복되는 후렴구 가사와 멜로디 속에는 별 의미가 없었지만 따라 흥얼거리게 되는 중독성이 있었다. 단순한 멜로디를 만들기까지 얼마나 수많은 반복이 있었을지 듣는 입장에서는 알 수 없다. 단지, 단순해 보이는 것들은 수많은 것을 반복해서 깎아낸 결과라는 것은 짐작할 수 있다.

| 어제 쓴 글을 오늘 고쳐 쓰기. 지금 내게 반복되는 일 중, 중요한 일이다. 중요하기 때문에 더 앞으로 나아가지 못하는 것 같다. 같은 곳을 반복해서 맴돌며 확인하고 의심하고 지우고 다시 쓴다. 중요하다는 마음부터 버리면 좋을 텐데 그러는 게 힘들다. 결국 욕심이고 인정욕구에서 비롯된 거라는 걸 알면서도 반복되는 일과다.

| 반복에 단련된 사람들은 쉽게 번복하지 않는다. 일상을 채워주는 반복이 어김없이 반복되다 보면, 어느 순간 단단해질 거라고 믿는다. 그렇게 단련되어 갈 것이라고.

물, 커피, 술, 차

| 아침은 물을 마시는 것으로 시작된다. 밤새 움츠러든 몸에 물을 주면서. 오늘도 건조하지 않게 살아갈 다짐으로.

| 작업 전에는 언제나 커피 한 잔이 필요했다. 커피를 내릴 동안에는 잠시 오늘의 걱정을 잊을 수 있기 때문이었다. 간편한 인스턴트커피를 마시는 것도 도움이 되지만 마시는 것은 너무나 금방 지나가는 일이고, 인식하지 않고도 끝나버리는 일이기 때문에 가끔은 정성을 들여본다.

| 책상 위에 놓인 머그잔이 다 비워지면 그날은 그래도 뭔가를 한 날이다. 아무것도 하지 못한 채 그저 멍하게 있던 날이나 흘러가는 매체에 휩쓸려 보낸 날은 마시는 진도조차 따라잡지 못한다.

| 일주일에 한 번 이상 술을 마시던 시기가 있었다. 그때는 술이 없는 인생을 생각하지 못했다. 술을 마시면 항상 후회가 따라왔다. 부끄러운 기억 뒤에는 언제나 술이 있었다. 지금은 곁에 없는 사람들도.

| 이제는 어쩌다 가끔 술을 마신다. 마음을 털어놓을 수 있는 오랜 벗을 만날 때. 엄마가 언제인가부터 담가둔 과실주를 꺼낼 때. 인생에 어쩌다 한 번 찾아오는 행운을 자축할 때. 이제는 아껴두고 싶은 귀한 순간에 술이 있다. 그래서 자주, 마실 수 없게 된 것이다.

| 다시 차를 우리는 오후. 한 번의 찻잎으로 몇 번이고 길게 차를 우려도 안 될 것은 없다. 굳이 새로운 차를 우리지 않는다. 맛과 향이 옅어지면서 하루도 저문다. 아쉬움이 있어야 내일의 희망도 있다.

호흡

| 한동안 쓰던 원고를 멈추고 이리저리 돌아다녔다. 자료가 될 만한 영화, 다큐멘터리, 영상물들을 찾아보고, 책도 읽었다. 여전히 나는 그 원고 안에 있다고 믿었다. 며칠 후 다시 쓰던 원고로 돌아가니 내가 생각한 것과 전혀 다른 이야기가 앞에 놓여 있었다. 그 며칠 사이 내 생각도 감정도 또다시 변해버렸다. 매번 이런 식이었다. 좋은 아이디어 하나. 거기에 매달린 얼마간의 시간. 완성하지 못한 글들이 창고에 쌓인 신문지 묶음처럼 가득 찬 '꼭 완성하기' 폴더.

| 문제가 뭘까 생각해 봤다. 처음의 흥미를 왜 끝까지 가지고 가지 못할까. 생각해 보면 흥미가 지속되기만 하는 일은 없었다. 재미는 언제나 시작점에서 나를 유혹했지만, 발을 들여놓고 나면 늘 지루함과 괴로움이 기다리고 있었다.

| 처음으로 수영을 배웠을 때가 생각났다. 물속에서 숨 참는 방법을 배울 때. 나는 다른 아이들보다 항상 먼저 물속에서 빠져나오는 아이였다. 눈을 뜰 수 없는 잠시를 견디지 못해서, 이대로 가라앉아 영영 빠져나오지 못할 것만 같아서. 누군가 내 다리를 잡고 확 끌어당겨 버릴 것만 같아서. 물속에서 견딘 아이들은 곧

자유롭게 헤엄치게 되었지만 나는 끝내 날갯짓하듯 접영하는 아이들 사이로 킥판에 매달려 앞으로 나아갈 뿐이었다.

| 몇 주째 물 밖으로 고개를 빼고 바깥만 보고 있었다. 물속으로 다시 얼굴을 집어넣을 자신이 없었다. 그렇게 도망칠 거면 안 써도 되는데 물에서 나올 생각도 없었다. 지금 나오지 않을 거라면 결국은 물속으로 들어가야 한다. 결국 부딪혀야 한다.

| 킥판을 버리고 맨몸으로 자유형을 배웠을 때, 드디어 물속에서 숨 쉬는 법을 깨달았다. 물속에 고개를 넣었다가 빼기를 반복하기. 팔을 젓는 속도에 맞추어 일정한 간격으로 고개를 빼고 음- 파 음- 파. 앞으로 나아가는 방법은 결국 숨 쉬는 법을 배우는 것이었다. 나만의 호흡으로 다시 살아가는 것.

문제해결

| 최근 집안 곳곳이 소소하게 고장 났다. 갑자기 추워진 날씨 탓일까, 라고 생각하기에는 그다지 연관 없는 구역들이라 동시다발적인 이 현상에 대해 당장은 이해하기 힘들었지만 별다른 수가 없었다. 그저, '그런 때인가 보다' 생각하며 스스로 다독이는 수밖에.

| 처음 닥친 문제는 새로 산 냄비 솥 바닥의 그을음을 해결하는 것이었다. 딱 한 번 밥을 지어 먹었을 뿐인데, 누룽지를 끓이겠다고 오래 둔 것이 문제였을까. 하루 종일 불리고 수세미로 문질러도 시꺼먼 그을음은 절대로 떨어지지 않을 기세였다. 그냥 이대로 사용해야 하나, 포기하려던 그때 찬장에 고이 모셔져 있던 베이킹소다를 발견했다. 냄비에 베이킹소다를 넣고 끓인 후에 그을음을 떼어내면 된다는 정보를 어디선가 본 것 같다. 생각보단 실행. 하루 종일 씨름하던 그을음이 너무나 간단히 똑 떼어내 졌다. 모든 일이 그렇다. 방법을 알고 나면 아무것도 아니고, 내 코앞에 해결 방법이 놓여 있어도 알아차리기가 쉽지 않다. 그럴 때 내가 가진 최소한을 생각해 보면 답이 나올 때가 더러 있다. 찬장 구석에 있던 베이킹소다처럼.

| 두 번째 문제는 더욱 갑작스럽게 다가왔다. 집 앞에 재활용 쓰레기를 버리고 돌아오는 길이었다. 이웃에 내 무방비한 모습을 노출하지 않기 위해 급히 문을 열려는 순간, 나갈 때까지만 해도 멀쩡하던 도어록이 방전되었다. 내 머릿속도 무응답인 도어록 액정처럼 까맣게 변했다. 문 주변의 '열쇠 고칩니다' 스티커가 곧바로 눈에 들어왔다. 그러나 이번 달 생활비는 벌써 초과 상태. 기술자를 부른다면 적지 않은 출장비를 주어야 할 것이었다.

| 다행인 것은 내 손에 아직 스마트폰이 쥐어져 있다는 사실이었다. 얼른 '도어록 방전'이라는 키워드로 검색부터 했다. 수많은 블로그 게시물 중 '9V 건전지'에 대한 팁이 눈에 들어왔다. 건전지를 도어록 하단이나 전면에 있는 단자에 갖다 대면 전원이 들어온다는 것이었다. 얼른 편의점까지 뛰어가 건전지를 사고 문 앞에 돌아왔다. 과연. 건전지를 갖다 대자 전원이 들어왔고, 나는 어느새 집 안이었다. 손에 아직 쥐어진 건전지를 보며 생각했다. 평소에도 이걸 비상용으로 가지고 다녀야 하나? 9V 건전지를 가방 속에 넣어 다니는 사람은 어떤 유형일까.

| 평소보다 고장 난 것들이 유독 많이 보인 건 당장 뭘 해야 할지 몰라 갈팡질팡하던 상황 때문이었는지도 모른다. 고장 난 것들은 고칠 방법을 찾으면 찾을 수 있다. 답답하고 초조한 건 방법을 찾기까지의 시간일 뿐.

오후

| 오후는 시작과 끝의 중간에 서 있다. 하루를 견디는 중심 구간이다. 깜빡 졸지 않도록 조심해야 한다. 아직 바깥은 밝고, 사람들은 걷고, 차는 달리고, 대부분 깨어있다.

| 오후에 마시는 커피 또는 차. 그것이 유일한 위로가 되어준다. 사무실 혹은 작업실, 카페 안 사람들은 모두 자신만의 창에 몰두하고 있다. 아직은 집으로 돌아갈 때가 아니라고 느낀다. 다시 한 모금 마시며 다음 페이지를 넘긴다.

| 창밖을 볼 수 있다면 오후에 보는 것이 좋다. 한 방향으로 달리는 차, 우산을 쓰고 걷는 사람들을 보며 계절의 방향을 알아차릴 수 있다. 하루가 남아 있음을 알 수 있다. 언제든지 늦지 않았음을 알 수 있다.

| 며칠째 비염 때문에 고생했다. 오후를 통째로 날려버린 날이 이어졌다. 밤이 되어 정신을 차리고 나면 후회했다. 일단은 나가야 했는데. 적어도 오후에는.

길, 고양이

| 산책 중에 종종 만나는 회색 고양이가 있었다. 은빛에 가까운 회색 털을 가진 나이 든 고양이는 느린 걸음으로 가파른 오르막길을 하루에도 여러 차례 오르락내리락했다. 그러다 엊그제, 골목 하수구 앞에 잠자듯 누워있던 녀석을 보았다. 처음에는 오랜만에 깊은 잠에 빠져 있는 것으로 생각했다. 그러다 깨달았다. 녀석은 영원한 잠에 빠졌다는 것을.

| 마지막으로 눈 감은 곳이 좀 더 깨끗한 곳이면 좋았을 텐데. 나도 모르게 생각하다 잠시 눈을 감고 회색 고양이의 명복을 빌었다. 그것 외에 내가 할 수 있는 일은 구청에 신고하는 것이 고작이었다. 떨어져 볼 때는 잠든 것처럼 얌전히 옆으로 누워 있었는데, 가까이서 보니 눈도 감지 못했다. 집에 돌아왔지만, 마음이 진정되지 않았다. 그동안 꽤 자주 녀석을 보았었다. 친하다고는 할 수 없었지만 안부를 묻는 사이 정도는 되었다. 가끔 간식거리를 건넬 때, 경계가 심해 한 번도 다가온 적이 없었지만, 거리를 두면 시간이 걸리더라도 먹어주었다. 오늘이 마지막 식사인 것처럼. 최선을 다해서.

| 창밖으로 갑자기 비가 쏟아졌다. 수습되기 전까지라도 비를 맞지 못하도록 남편과 함께 고양이를 빈 상자 속에 넣어주었다. 들어 올린 몸은 나무토막처럼 딱딱하게 굳어있었다. 마을 주민분이 지나가며 며칠째 녀석이 아무것도 먹지 않았다고 이야기해 주셨다. 다른 누군가도 녀석을 지켜보고 있었다니 묘하게 위로가 되면서도 한편으로 마음이 더욱 무거워졌다. 누구도 살릴 수 없었기에.

| 다시 아무것도 놓여 있지 않은 하수구 근처, 차가운 아스팔트 위를 보며 나의 슬픔이 얼마나 이상한 것일까. 생각했다. 아직 살아있다는 이유로 동정했다. 마치 나와는 전혀 상관없는 일인 것처럼. 결국 모두가 같은 길을 가게 될 것을.

보기

| 토요일 아침이었다. 냉장고 속의 묵은 음식과 빈 그릇을 꺼내고, 필요한 식료품은 주문해 두었다. 책상과 탁자, 각종 가전 위에 쌓인 먼지들을 털어내고 청소기로 바닥 청소도 했다. 세탁기로 이불 빨래를 하고, 건조기를 돌렸다. 어느 정도 정리된 후에 사과와 빵, 달걀 프라이를 먹고 커피도 마셨다. 나갈까 말까 고민하다가 나가기로 했다.

| 11시에 오픈하는 동네 카페는 겨우 10분 지났을 뿐인데도 작업하는 사람들로 가득 차 있었다. 자리가 많다고도, 적다고도 할 수 없는 적당한 크기의 카페였다. 다행히 자리 하나는 남아있어서 감사한 마음이었다. 커피는 이미 마시고 나왔기 때문에 차를 마시기로 했다. 따뜻한 얼그레이 한 잔과 마들렌 하나를 주문하고, 가져온 책과 휴대용 키보드를 펼치고 잠시 마음이 가라앉기를 기다렸다.

| 카페 안의 음악이 들리다가 사라지는 때가 있다면 몰입했다는 뜻이다. 마구 얽힌 이어폰 줄처럼 풀리지 않던 소설의 한 갈래가 조금씩 풀어지는 모양을 쓰면서 지켜보았다. 이 길이 아닐지라도 이날은 이 길을 가야만 할 것 같았다. 내일 다시 고치더라도 오늘은

이 문장을 쓰겠다는 마음. 쓰는 동안 조금씩 내 자리를 찾아간다. 전날보다 한두 줄 더 쓴 것 같아서 기뻤다.

| 넷플릭스에서 아무 정보 없이 짧은 영화 하나를 골라 플레이했다. 주인공이 위기에 빠졌다가 가까스로 빠져나오는 결말. 예상할 수 있는 이야기여도 희망적인 마무리여서 마음에 들었다. 자신이 망가졌다고 체념하는 주인공에게 누군가 말한다. 망가져도 희망은 있다고. 그녀는 손가락 하나 못 움직일 처지에 놓였지만, 그 와중에도 눈 깜빡이는 것을 잊지 않았다. 지켜보는 것을 잊지 않았다. (영화 제목은 '돈 무브'였다)

| 한때는 지켜보는 일이, 무언가를 계속해서 들여다보기만 하는 일이 한심하다고 스스로 생각했었다. 카페에서 시간을 다시 보내면서, 본다는 것은 다시 밖으로 나갈 구석을 궁리하고 있다는 의미일지도 모른다고 생각했다.

포근한 완성

| 여름 내내 책상 위에서 찻잔 밑을 받쳐주던 티코스터를 교체하기로 했다. 지금 쓰고 있는 것도 마음에 들지만, 날씨가 쌀쌀해지니 좀 더 포근한 것을 책상 위에 두고 싶어졌다. 따스한 스웨터 느낌이면 더 좋을 것 같았다. 컵을 올려둘 때, 기분 좋게 폭신할 느낌을 상상하며 패브릭 소품을 파는 쇼핑몰을 살펴보다가 직접 만들어보기로 결심했다.

| 티코스터는 크기가 손바닥만큼 작으니, 뜨개질을 조금만 배우면 금방 만들 수 있을 것 같았다. 한참 검색해서 마음에 드는 털실과 도안, 줄 바늘을 샀다. 아직 시작도 안 한 주제에 재료와 장비에 대한 욕심부터 생겨났지만, 내 손으로 만든 무언가를 사용하고, 주변에도 선물할 생각으로 마음이 들떴다. 구입한 뜨개질 패키지는 왕초보용이었고, 별 하나의 난이도를 가지고 있어 부담도 크게 들지 않았다. 아주 오래전에 목도리를 짜 본 경험이 있었다. 물론 완성하지 못했었지만 말이다.

| 뜨개질 가이드 동영상을 보며 열심히 따라 뜨기 시작했다. 기억이 가물가물한 실 잡는 법을 먼저 배우고 14개의 코를 끼우는 것만 해도 쉽지 않았다. 몇 번이

나 끼웠다 풀기를 반복하다 보니 복슬복슬, 귀엽게만 느껴지던 극세사 실의 올이 지저분하게 풀어져 오히려 걸림돌이 되었다. 몇 번의 실패 후 시계를 보니 벌써 40분이나 흘러 있었다. 괜히 신경질이 나서 그만둘까 하다가 근래 이렇게 아무 목적 없이 몰두해서 한 일이 뭐가 있었나 생각해 봤다. 그래, 이건 어떻게든 완성해야겠어. 완성해야만 해. (갑자기 목적이 생겼다)

| 여러 번 시도 끝에 겉뜨기로 들어갔다. 단순히 끼우고 걸고 빼는 동작을 반복하면 그만이었는데도 생각이 잠시 흐트러질 때마다 코를 빼먹거나 더하기도 했다. 그래도 일단은 전진. 또 전진.

| 2시간 정도 씨름한 끝에 손바닥만 한 티코스터 하나가 완성되었다. 내가 목표한 모양은 정사각형이었지만, 완성하고 보니 어딘가 찌그러진 사각형이 되었다. 어쨌거나 완성이다. 야호! 갓 끓인 작두콩 차를 담은 머그잔 아래에 처음 만든 티코스터를 깔아보았다. 작은 잔디같이 푸릇푸릇 귀여운 내 첫 티코스터. 계속 보니 귀엽게 보였다. 쓸만하게 보였다.

| 완성했으니, 다음에도 만들 수 있을 것이다. 좀 더 사각형에 가깝게. 원형, 마름모꼴을 뜨는 과제가 남아 있지만, 사각형을 완벽히 뜰 수 있을 때 도전해야지. 이제 시작한 것은 함부로 건너뛰지 않을 생각이다. 사소한 일 하나도.

매일 하나씩

| 중국의 소설가 천쉐는 매일 글쓰기를 위한 루틴으로 하루 2,000자 이상의 글은 쓰지 않으며, 너무 잘 써질수록 오히려 브레이크를 밟아야 한다고 말했다. 매일 일정한 원고량을 지켜나가는 것은 장편소설을 완주할 방법이라고도 했다.

| 매일 같은 일을 반복해서 한다는 것은 인내와 끈기가 필요한 일이다. 여기에 나날을 착실하게 꾸려나가겠다는 의지가 더해져야 한다. 그래서 목표가 필요한 것이다. 장편 소설 1권을 완성하겠다는 목표. 시험을 잘 치르겠다는 목표. 오늘보다 내일은 더 잘살아 보겠다는 목표. 하지만 목표에만 매달리면 루틴은 무너진다. 기어이 달성하겠다고 하는 그 욕심이 루틴을 파괴하고 만다.

| 이루기만 하면 그만이라고 생각하던 시절도 있었다. 운 좋게 이룬 적도 있지만, 그다음이 없었다. 갈피를 잃고 이리저리 방황했다. 루틴을 만드는 것은 삶의 자세를 만드는 것이고, 살아갈 방향을 찾는 길이었다. 매일 반복할 수 있는 일이 무엇인지 알게 되자 목표도 명확해졌다.

| 내게 매일 쓴다는 것은 매일 산다는 의미였다. 설사, 온종일 쓴 글을 내일 다 지우고 다시 쓰는 일이 있어도 '쓴다'라는 루틴을 지킨 날은 하루를 잘 보낸 날이다.

| 너무 많은 루틴을 만들 필요는 없다. 그저 매일 하나씩 해나가면 된다. 쓰기, 운동하기, 그림 그리기, 요리하기, 노래하기…. 그게 무엇이든 상관없다. 매일 혼자 할 수 있는 '하나'만 잘 찾아도 인생은 살만한 것이 아닐까.

작은 성공

| 우연히 데이비드 호킨스의 책 <성공은 당신 것, 판미동>을 도서관에서 발견했다. 만약 '성공은 나의 것'이라는 제목이었다면 이 책을 꺼내 볼 생각은 하지 않았을 것이다. '성공'이라는 다소 노골적인 단어에 주변을 슬쩍 살폈지만, 상대를 향해 열려있는 '당신'이라는 단어에 결국 책을 꺼내 들었다.

| 책에서 그는 말한다. 성공이란 이미 있는 일이고, '현현'하기만 하면 된다고 말이다. 진정한 성공에는 '힘'이 아닌 '환희'가 따른다고도.

| 문장은 내가 처한 상황에 따라 그때그때와 다르게 읽힌다. 깨달음이란 결국 지금 내 시점에서 일어나는 일이었다. 책을 읽으면서 내 머릿속에 떠오르는 생각은 한 줄 뿐이었다.

'그래서 어떡하라는 겁니까?'

아무래도 책을 더 읽어봐야겠다.

| 약 15년 전, 엄마가 싸주신 김밥을 가지고 처음 서울행 기차에 올랐을 때 나는 다짐했었다. 고향에 있을 때보다 반드시 성공하겠다고. 내가 쓴 글로 성공해 당당히 부모님을 뵈러 내려오겠다고 말이다. 당시에도 나는 알지 못했다. 내가 원하는 것이 정말 '성공'이 맞는지, 그 '성공'이라는 것은 무엇인지.

| 지금 행하고 싶은 것은 하루의 성공이다. 그저 오늘 계획한 일을 하는 것이다. 아침에 쓴 to do list 항목에 모두 체크 표시를 하는 것이다. 그렇기에 오늘 당장 '장편소설 완성하기'와 같은 과제는 해낼 수가 없다. '소설 2장 쓰기'는 가능하다. 무리하게 '10장 써내기'는 어쩌다 해낼 수도 있지만 기진맥진해서 다른 항목은 모두 이루지 못할 가능성이 매우 높다. 그러니 하루 2장만 쓰자. 그것만으로도 나는 환희를 느낄 수 있다.

| 아주 작은 성공을 자주 경험해 보고 싶다. 매일 하루, 매시간, 매 순간. 그래서 기록과 약속이 필요하다. 무리하지 않는 하루 속에 꾸준하게 임하기. 지금 내게는 그것이 성공이다.

혼자

| 집중이 필요할 때, 사람이 붐비지 않는 이른 아침에 혼자 카페에 간다. 아무 말 하지 않고 스마트폰도 보지 않고 그저 차를 마실 잠깐의 시간이 필요하다. 카페 안에 흐르는 음악과 에스프레소 머신이 열심히 일하는 소리와 약간의 소음이 뒤섞인 곳에서 내가 오늘 쓰고 싶은 이야기에 귀 기울여본다.

| 얼마 전에는 도심 속 사찰에 혼자 다녀왔다. 단체 버스가 사람들을 잔뜩 몰고 왔지만 벤치에 앉아 흐르는 시냇물과 저물어가는 가을 풍경을 보는 동안 소음은 점점 흐려져 갔다. 떨어진 단풍을 하나 주웠고, 끼워두기 위해 꺼낸 책도 잠시 읽었다. 야외에서 하는 독서는 볕을 함께 읽는 기분이었다.

| 산책에 소홀한 요즘이었다. 돌아보면, 산책을 거를 때는 다른 것도 거를 때가 많았다. 끼니를 거르거나, 시간을 거르거나, 스스로를 돌보는 일을 잊었다. 산책은 가장 개인적인 일이다. 나갈 때 가지고 나간 생각을 돌아오는 길에 살짝 버리고 온다. 아무도 모르게. 생각이 많을수록 일부러 걸어야 한다. 날이 추워질수록.

| 무언가를 세상에 내보냈을 때, 철저하게 혼자가 된 기분을 느낀다. 내 글을 읽거나 영상을 본 누군가의 '좋아요' 알림 하나가 추위를 달래주는 작은 불빛 같다. 더 많이 읽히는 글을 쓰고 싶다. 실은 혼자가 되는 것이 두려워서 쓴다. 외로워서 쓴다. 가족과 친구가 있어도 해소되지 않는 외로움.

| 많아지고 늘어날수록. 두려워진다. 그래서 버려야 한다. 붙잡으려는 마음. 가지려는 마음. 그래서 언제든 혼자일 수 있어야 한다. 언제고 혼자가 될 준비를 하고 있어야만 한다. 당연한 것들이 없다는 것을 알아차릴 수 있게. 쓸쓸한 바람 속에서도 별을 찾을 수 있도록.

기분

| 아침에 일어났을 때 되도록 기분 좋은 상태를 유지하고 싶다. 최근에는 사소한 것들이 거슬리고, 예민해지고 짜증이 났다. 아침부터 비염 때문에 콧물이 줄줄 흘렸고, 밤새 웅크린 몸은 뻐근했다. 아침을 조금이라도 편안하게 시작하는 방법은 기지개 켜기, 따뜻한 물 한 컵, 차 한 잔을 마시는 것이었다. 물을 끓이는 잠깐, 잠에서 깨어난다. 뜨거운 찻잔이 조금 누그러지는 동안 다시 기다림의 시간을 갖는다. 기분 좋은 상태란 시간을 갖는 것, 여유로운 상태 그 자체였다.

| 운동을 거의 하지 않고 있다. 대신 평소보다 많이 걷는다. 걷는 것은 운동보다 생각에 가깝다. 생각이 많아질수록 많이 걷는다. 우울할수록 걷고 또 걷는다. 우울은 바라는 것이 있을 때 더 쉽게 찾아온다. 이루려는 것이 있을 때도 그렇다. 목적만 이룬다고 행복해지지 않는다. 과정 내내 기분이 안 좋으면 무슨 소용이지. 욕심을 버려야 하는데 어느새 만 보를 채우려고 걷고 있다.

| 근력 운동을 다시 시작해야 할 시점이다. 이전보다 다소 무게가 줄었어도 무거운 것을 일부러 들어 올릴 용기와 힘을 가져야 할 것 같다. 사용하지 않던 근육

을 움직여야만 새로운 것이 나올 것 같다.

| 지금 당장 기분 좋아지는 방법들. 초콜릿 한 조각 먹기, 아몬드 씹기, 좋아하는 음악 듣기, 귀여운 영상 찾아보기, 친구에게 연락해 수다 떨기, 내 앞의 풍경 손 그림 그려보기, 다이어리 정리하기, 좋아하는 책에서 좋아하는 구절 찾아 읽기, 간단하고 쉬운 레시피로 요리하기, 집 앞 도서관에서 책 빌리고, 동네 카페에서 맛있는 커피 테이크아웃 하기, 그러면서 걷기 또 걷기.

| 밤에는 오늘의 기분을 정리하고 잠들고 싶다. 그래서 일기를 쓴다. 쓰면서 결국, 모든 것이 기분 탓이었다는 것을 알아차린다.

| 기분을 좌우하는 것은 언제나 내 결정이었다. 내가 감당할 수 없는 사건이나 계획 밖의 일은 어쩔 수 없는 일이었다. 그런 일은 일어날 때 생각하기로 하고 지금 당장, 일단은 기분 좋게 오늘을 시작해 보기로 결정해 본다. 그 정도는 스스로 허용해 본다.

보이지 않는 것

| 길을 걷는데 어느 가게에서 유재하의 '가리워진 길'이라는 노래가 흘러나왔다. 예전에 늘 따라 흥얼거리던 노래의 가사가 이제야 제대로 들려왔다. 내가 가야 할 길을 좀처럼 알 수 없던 그 시절에는 멜로디만 알던 노래였다. 아무 생각 없이 흘려듣던 노래를 이제야 처음부터 끝까지 가사로 들어본다. 알던 노래가 아니었다. 완전히 새로운 노래였다.

| 그동안 보이지 않던 것들이 조금씩 보이는 것 같다. 물론 보인다고 본다고 할 수 없고, 안다고 할 수도 없다. 몇 년이 지나면 다시 보이게 될 것들이기 때문이다. 내가 변할 것이기 때문이다.

| 집 근처에 있는 걸 모르고, 한동안 버스를 타고 작업할 도서관을 찾아다녔다. 분명 검색도 해보고, 주변에 알아보기도 했는데 그때는 보이지 않았던 곳이었다. 때가 되어야만 알게 되는 것들이 있고, 보이는 것이 있고, 갈 수 있는 곳이 있다.

| 타인은 항상 내 입장에서 보았다. 가까워진다는 것은 내 입장에서 허용되는 사람이기 때문이었고, 반대는 아니라고 생각해서 그랬다. 어느 시인은 나는 너다, 라고 했고 또 어느 시인은 너는 나다, 라고 했다. 문득 그 말을 곱씹으며 생각해 봤다. 내가 너라서 그만큼 가까워졌다. 나는 너라서 너를 통해 나를 만났고, 너는 나여서 나를 통해 너를 수용했다. 지난 시간 동안 만난 수많은 너와 헤어진 내가 그리워질 때가 있다.

| 아직도 보이지 않는 것이 많아 답답할 때가 많다. 분명 더 쉬운 길이 가까이에 있을 것 같고, 우연히 발견해서 깨닫기도 하지만, 여전히 보는 것만 보려고 하고, 아는 길만 오간다. 그래서 한 번쯤 딴 길로 새봐야 한다. 오늘은 가지 않던 길로 돌아가 볼 것이다. 월요일이니까.

첫 캐럴

| 버스를 타고 작업할 곳을 찾아가던 길에 비가 내렸다. 집에서 나올 때 하늘이 흐려 보였는데도 우산을 따로 챙기지 않았었다. 차창에 떨어지는 빗물을 보고 원래 가려던 목적지보다 먼저 내려 가까이 있는 카페로 들어가 자리를 잡았다. 사실 어느 곳에 가든 상관은 없었다.

| 익숙하고 한적한 프랜차이즈 카페 안에서 올겨울 첫 캐럴을 들었다. 이제 크리스마스가 한 달 정도 남았고, 우리 집은 아직 트리를 꺼내지 않았지만, 조만간 먼지 쌓인 상자를 꺼낼 것이다. 1년 동안 잠들어 있던 알록달록한 오너먼트와 구겨진 철사 나무와 빛을 머금고 있던 전구가 모두 제자리를 찾을 것이다.

| 문득 어린 시절 부모님과 보낸 크리스마스의 풍경이 떠올랐다. 엄마는 종이로 만든 장식을 커튼 위에 달고, 커다란 철사 트리를 꺼내 흰 솜으로 만든 눈을 올리고, 눈사람과 동그란 종도 달아주셨다. 나는 거기에 사슴 인형을 매달고, 색종이로 만든 장식을 달고, 전구가 깜빡일 때 얼마나 뜨거운지 손으로 만져보며 깨달았다. 아직 낡지 않았던 전축에서는 중년 남자 가수의 캐럴과 간혹 영구가 부르는 우스꽝스러운 캐럴

이 번갈아 가며 흘러나왔다. 크리스마스 아침에 잠에서 깨어나면, 나는 손을 뻗어 머리맡을 만져 보았다. 엄마와 아빠가 몰래 준비한 선물 상자는 반짝이는 포장지에 감싸여 바스락거리는 소리가 났다. 그런 크리스마스를 몇 번 겪은 후에 우리 집은 낡아갔다. 내 기억도 함께.

| 자취 시절의 캐럴은 거리와 카페의 배경음이었다. 누군가와 함께일 때도 있었고, 혼자일 때도 있었지만 캐럴을 들을 때는 언제나 포근한 기분이었다. 딱히 종교가 없어도, 갈 곳이 없어도, 가진 돈이 없어도 그 순간만큼은 '나 홀로 집에'의 케빈의 집과 '유브 갓 메일'의 캐슬린이 마시던 모닝커피 한 잔, '당신이 잠든 사이에'에서 트리 아래 가득 쌓인 선물 상자들을 떠올리며 나도 모르게 따뜻해지고는 했다.

| 다시 지금 앉아 있는 카페 창가 자리에서 캐럴을 듣는다. 아직 올해는 한 달 하고도 열흘 정도 남아있고, 내게는 아직 마치지 못한 소설이 남아있고, 아직 안부를 전하지 못한 친구들이 남아있다. 내 앞에 놓인 라테도 아직 식지 않았다. 남아있는 것을 먼저 생각하자. 남은 것이 있음에 감사하며.

안부

| '아직 잘 살아 있어?'라는 장난스러운 말. 그 말이 나이가 들수록 다르게 느껴지는 것은 살아있음이 또 하나의 행운임을 알기 때문이다. 그 말을 주고받을 수 있는 이들이 귀한 것을 알기 때문이다.

| 오랜만에 안부 전화를 걸었는데 어제도 연락받은 듯이 똑같은 목소리로 전화를 받아줄 때 고마움을 느낀다. 이제 전화를 거는 일 자체가, 누군가를 궁금해하는 일이, 아주 특별한 일이 되어버린 요즘에, 생각나는 사람들이 있어서, 외로움이라는 고질병을 이겨낼 수 있었다.

| 부모님께는 안부 전화하는 일이 가끔 의무처럼 느껴졌었다. 몇 주 만에 전화를 받은 엄마는 최근에 서예를 하다가 캘리그래피를 배우셨다고 했고, 아빠는 감기에 걸리셨으며, 그럼에도 7천 보는 걷는다고 하셨다. 모든 이야기를 한참 듣다가 전화를 끊으면서 '사랑합니다'라고 말했다. 엄마는 '나도 사랑한다.' 하셨고, 아빠는 '응, 그래. 고맙다'하고 전화를 끊으셨다. 그 모든 통화를 저장해 두었다. 언젠가 다시 들을 수 있도록.

| 올해 들어 한 번도 H의 납골당에 가지 못했다. 생일에는 가야지, 2주기에는 가야지, 명절 전에는 들러야지, 해놓고서. 살아있음을 핑계로 그렇게 좋아하던 꽃 한 송이 가지고, 안부 한 번 전하러 가지 못한 무정한 나를 H는 용서해 줄까. 물어보고라도 싶다.

| 거리 위로 나뭇잎이 낙하할 때쯤이면, 안부를 묻고 싶은 사람들이 더 많아진다. 모든 이파리가 다 떨어지기 전에, 앙상해지기 전에, 전화를 걸어야지. 카카오톡 메시지를 보내야지. 그것도 아니라면, 마음으로 행복을 빌어 주어야지. 그러기라도 해야지.

열다

| 아침에 일어나면 창문부터 열어 본다. 차가운 바람과 약간의 소음이 들려올 때 하루가 시작되었음을 비로소 알아차린다.

| 아침 산책을 마치고 돌아오는 길에 동네 카페에서 카페라테를 테이크아웃했다. 손이 너무 차가워서였다. 종이컵의 온기 덕분에 골목 벤치에도 잠시 쉬어갈 여유가 생겼다. 커피를 조금 식히려고 컵 뚜껑을 연 순간 나도 모르게 감탄사가 나왔다. 뚜껑으로 가려진 테이크아웃 커피일 뿐인데, 귀여운 하트가 정성스럽게 그려져 있었다. 열어보기 전에는 알 수 없었을 다정한 마음. 넘어가지 않아서 다행. 알아차릴 수 있어서 감사.

| 다음 주면 마감해야 할 원고가 있는데도 계속해서 유튜브 쇼츠를 보고 있었다. 한동안 안 보던 넷플릭스 드라마로 넘어가던 찰나에 번뜩, 오늘 날짜와 마감일 사이가 얼마나 좁혀졌는지 생각해 보았다. 곧바로 집중력에 좋다는 음악을 찾고, 과연 효과가 있을까 싶어 댓글 창을 열어보았다. 시험 준비 중인 수험생, 자격증을 준비하는 중년, 당장 다음 화를 써야 하는 웹소설 작가와 늘 미루기만 하던 집안일을 1시간 만에 해

치웠다는 누군가의 댓글들. 천 명이 넘는 사람들에게 당장 해치워야 하는 일이 있다는 사실이, 대부분 마감 앞에서는 같은 마음이라는 사실이, 잠시나마 위안이 되었다. 그나저나 이럴 땐 왜 댓글마저 재미있는 건지.

| 한동안 방치해 두었던 찬장 문을 열었더니 유통기한이 임박한 비빔면이 나왔다. 점심 메뉴가 고민이었는데 마침 잘 되었다. 떨어져서 사려고 고민했던 인스턴트커피와 설탕도 거기에서 되찾았다. 다 갖고 있어도 부족하다고 느끼는 것들이 얼마나 많은지 열어보기 전에는 절대 모른다.

| 어제 쓴 원고 파일을 늦은 오후가 되어서야 열어볼 용기가 났다. 줄거리가 다 있는데도 다음 장을 이어갈 길이 떠오르지 않아 더 쓰지 못했었다. 다음 단어와 문장이 떠오르지 않을 때는 다시 앞으로 돌아가는 버릇이 있다. 마음에 들지 않는 문장을 고쳐 쓰고, 지우고, 다시 쓰면서 조금씩 길을 찾아간다. 설사 잘못된 길에 들어섰어도 내일이 있으니 너무 두려워할 필요는 없다. 적어도 내일은 그 길로는 다시 안 갈 테니까.

소설

| 소설. 24 절기 중 20번째 절기이며 첫눈이 내리는 날이다. 나는 소설(小雪)을 앞두고 소설(小說)을 쓰고 있었다. 첫눈이 내리기 전에 초고는 마무리 짓고 싶었는데, 조금 늦게 내려주어 감사했다. 퇴고하는 오늘은 첫눈이 내렸다. 다른 지역에서는 이미 내린 눈일 수도 있지만, 아침에 직접 창문을 열었을 때 처음 내린 눈을 나는 여태 첫눈이라 불러왔다. 하얗게 뒤덮인 동네 골목의 풍경처럼, 초고에 쌓인 단어를 쓸어낼 시간도 다시 오겠지.

| 반려묘 영심이도 창문으로 와서 내리는 눈을 구경하고 있었다. 햇살이 내리쬐던 창틀은 차갑게 얼어있어서 따뜻한 극세사 옷을 입혀 가까운 캣타워 위에서 눈을 감상하도록 도와주었다. 한때 길고양이였던 영심은 눈을 보며 그때를 떠올릴까, 아니면 그저 보는 것뿐일까.

| 눈은 깨끗하고, 빛나고, 폭신하고, 발자국을 남기고, 얼어붙고, 미끄럽고, 더러워졌다가 결국엔 녹는다.

| 얼마 전에 주문한 '소설'이라는 이름의 커피 원두가 마침 첫눈이 내린 오늘 도착했다. 끓인 물에 천천히 적셔지며 여과되는 원두의 향을 맡을 때 겨울의 행복을 느낀다. 카페인을 줄이겠다고 다짐했던 가을에서 다시 카페인이 필요한 겨울로 오기까지 많은 일들이 있었고, 나는 다시 원래의 상태로 돌아왔다.

| 이틀 내내 원고를 마무리하느라 집에만 있었는데, 외출하고 돌아온 남편의 안경알에 서리가 끼어 있는 것을 보고 더욱 나가기가 무서워졌다. 그래도 오늘은 밖에 나가 쌓인 눈이 녹기 전에 밟아도 보고, 집 앞 골목이 얼어붙기 전에 쓸어내야지. 집안에 쌓인 재활용 쓰레기도 버리고 와야지. 눈은 이제 시작이니까.

12월의 시작, 끝

| 다시 한 달이 시작되었다. 이번 달의 월요일은 2일이었고, 그래서인지 하루를 손해 본 것 같은 괜한 생각도 들었다. 아침 일찍 읽히지 않던 문학 전집 중 한 권을 꺼내 읽기 시작했고, 800페이지 가까이 되는 두꺼운 책 한 권도 꺼내 이번 달에는 천천히 나눠 읽어볼지 고민했다. 어쩐지 이번 달에는 뭐든 읽을 수 있고, 넘길 수 있을 것 같다는 생각이 들었다. 올해의 마지막 달이니까.

| '소설'에 도착한 원두를 내려 마시면서 다음 소설은 어떻게 써볼지 생각해 보았다. 12월이 되기 전에 끝내고 싶었던 단편을 마무리 지었고, 한 달이 더 가기 전에 뭔가 새로운 것을 써봐야 하지 않나 싶었지만 그것은 늘 내 맘처럼 단번에 되는 일이 아니었다. 아주 오래전부터, 글쓰기를 하면서 내 안에 자라나는 이야기는 대부분 모녀에 대한 것이었다. 모녀가 아니면, 거기에 가까운 어떤 형태. 이번에 생각나는 이야기도 그렇다.

| 12월에는 볼 사람도, 보고 싶은 사람도 많다. 그저 한 달이 지나가는 것뿐인데 밀린 숙제를 하는 것처럼 올해가 가기 전에는 반드시. 그러니 12월에 만나는 사람들은 지금 내 인생에서 중요한 비중을 갖고 있는 사람들인 것만은 분명하다.

| 12월이 되자마자 지난 1년 동안 상자 속에 접어두었던 크리스마스트리를 꺼냈다. 웅크렸던 철사 가지를 펴고, 알록달록한 오너먼트를 매달고, 반짝이는 작은 전구를 감으면서 우리가 크리스마스를 기다리는 것은 12월을 견디기 위한 것이라는 생각을 했다.

| 올해 12월도 분명 추울 것이다. 감기도 혹독하게 앓게 될지도 모른다. 매번 겪는 추위에도 단련되지 않고 다시 봄이 오기를 애타게 기다릴 것이다. 그래도 그전에 새해는 온다. 얼어붙는 날들 속에도 언제나 희망은 있었다.

여행

| 혼자 겨울 여행을 갈 생각이었다. 즉흥적으로 서울역을 향해 가던 중에 마음이 바뀌어 중간에서 내렸다. 바람이 너무 차가웠고, 간밤에는 새벽까지 잠을 뒤척여서 피곤했다. 새로운 공간의 활기를 받아들일 자신이 없어서 나는 무작정 내린 어느 동네의 작은 카페 안으로 들어가 잠시 몸을 녹이기로 했다.

| 이 동네에는 두 번 정도 온 기억이 있었다. 그때마다 추운 겨울이었던 것도 기억났다. 갈 길을 잃었을 때, 갈 곳이 사라졌을 때 우연히 들른 곳이었다. 이 작은 카페 덕분에 잠시나마 마음을 쉬어갈 수 있었고, 달콤한 밀크티 한 잔에 행복해졌었다.

| 카페의 새로운 점심 메뉴인 카레를 먹었다. 사장님은 식사에 제공될 물을 따뜻하게 할지, 시원하게 할지 물어볼 정도로 여전히 다정했고, 나는 그런 배려가 고마웠다. 따뜻한 물과 카레를 기다리며 레몬티도 함께 주문했다. 김이 피어오르는 레몬티 한 잔이 먼저 나왔고, 기다리는 동안 간발 차로 이 작은 가게에 들어오지 못한 손님들을 지켜보며 오늘은 운이 아주 나쁘지는 않았다고 생각했다.

| 별것 하지 않고, 멀리까지 떠나지 않아도 나는 늘 여행 중이었다. 내 집이라고 생각되는 곳이 있어서 여행도 있는 것이었다. 이 복잡하고 넓은 도시에 나 혼자 살고 있다고 생각하던 때에는 굳이 여행을 떠나지도, 떠날 이유도 모르고 바삐 살았었다.

| 얼마 전에 넷플릭스에서 <패스트 라이브즈>라는 영화를 보았다. 영화 속 남자는 먼 타국 뉴욕까지 와서야 재회할 수 있었던 첫사랑 여자에게 말한다. 넌 떠나는 사람이었고, 그래서 네가 좋았던 거라고. 떠나는 사람과 남겨진 사람. 누구나 한 번쯤 둘 중 하나가 된다. 내게는 여행 같은 인연이었던 엇갈린 사람들도 어딘가에 정착해 남겨진 사람이 되어 있겠지. 새삼 생각해 보았다.

사랑

| 사랑이란 무엇일까.라는 물음에 나는 당장 대답하지 못했다. 생각해 보면 내게 사랑은, 마음이고 아픔이고 기쁨이고 함께하는 것이고 나누는 것이고 믿어주는 것이고 바라지 않는 것이었다. 사랑은 사람, 동물, 식물, 나라, 세상에 대한 것…. 결국 내가 아는 모든 것에 있었다.

| 아침에 읽은 법문에서 법정 스님은 나누는 것을 거창하게 생각하지 말라 하셨다. 음식이나 돈을 나누는 것이 아니라 하더라도 자리나 차로를 양보하는 일, 엘리베이터로 달려오는 사람을 위해 잠시 기다려주는 일도 나누는 것이 될 수 있다고. (맑고 향기롭게 2024년 12월 호를 읽다가)

| 얼마 전 가파른 오르막길에 쌓인 눈을 새벽에 미리 치워둔 이웃들이 있었다는 것을 생각했다. 버스 정류장에서 무거운 짐을 든 할머니를 돕던 청년과 버스 안에서 아이에게 자리를 양보해 주던 할머니의 미소와 시장에서 귤 한 봉지를 살 때 몇 개의 귤을 더 넣어주던 나이 든 상인의 거친 손도.

❙ 최근에 본 책과 영화는 모두 사랑이란 나의 선택, 그 선택에 대한 책임 그 자체라고 이야기하고 있었다. 나의 선택으로 곁에 있는 사람들을 생각해 본다. 나의 선택으로 어느새 우리 집 소파를 독차지한 고양이 영심을 생각해 본다. 나 또한 그들에게 선택되었다. 우연과 우연을 거쳐 지극히 엄청난 확률로.

❙ 2024년 12월 8일 한강 작가는 노벨문학상 연설에서 1979년 구두 상자에 넣어둔 중철제본에 쓴 질문에 관해 이야기했다. 사랑이란 어디 있을까? 사랑은 무얼까? 작가는 우리가 연결되어 있다는 것. 첫 소설부터 최근의 소설까지, 어쩌면 이 모든 질문의 가장 깊은 겹은 언제나 사랑을 향하고 있었던 것일지도 모른다고 말했다. 그녀는 뼈아프게 그린 어둠 속에서도 늘 그것-사랑-이 있었음을 이야기하고 있었다. 서서히 빛이 퍼져나가는 등불처럼.

겨울 저녁

| 일과가 어느 정도 마무리되었다. 조그만 2인용 소파에 나란히 앉아 뉴스를 보며 저녁 식사를 한다. 저녁 메뉴는 구운 명란과 어제 먹던 배춧국. 김치와 밑반찬 조금. 함께 저녁을 먹는 날은 혼자 먹을 때보다 몇 가지 반찬을 더 내놓게 되고, 식사 시간도 조금 더 길어진다. 영심이도 소파 발치에 앉아 자신의 순서를 기다리고 있고. 이런 저녁이 앞으로 얼마나 더 이어질지 새삼 생각해 보며 국을 삼킨다. 따뜻하다.

| 오늘 하루도 금방 흘러가 버렸다는 생각. 겨울이 저물어갈수록 저녁은 한 발짝씩 빨리 다가온다. 완전한 밤이 오기 전에 오전에 읽다 만 얇은 책을 마저 다 읽어야지. 물도 한두 컵 더 마셔두고. 가벼운 운동도 하고. 기록해 둘 것이 있으면 오늘을 넘기지 말아야 한다는 생각. 저녁은 비로소 생각할 수 있는 때이다.

| 저녁거리에서 붕어빵 굽는 냄새는 더욱 맛있게 느껴진다. 한 봉지 사 갈지 고민하다가 길게 줄을 선 사람들을 보고 다음 기회를 기약했다. 아직 겨울은 한참 남아있으니까.

| 어느새 집 공기가 차갑게 식었다. 내일 마실 보리차를 미리 끓였다. 구수한 냄새가 집안에 퍼지고, 투명한 물이 엷은 갈색빛으로 서서히 물드는 것을 보면서 여기가 내가 그토록 찾던 '우리 집'이었다고 새삼 생각했다.

| 겨울 저녁의 샤워는 머리 위로 물을 적시기까지 작은 용기가 필요하다. 차가웠던 몸을 서서히 물로 녹이면서 하루 동안 얼어있던 마음도 함께 녹인다. 젖은 머리카락을 털고, 드라이기로 하루의 물기를 말린다.

| 오늘은 산책하기 좋은 날씨였다. 겨울 저녁의 골목은 조금 더 어둡고 쓸쓸한 느낌이 들지만, 가로등 불빛의 운치를 더욱 잘 느낄 수 있다. 눈이 내리는 날 저녁의 가로등은 한층 더 아름답지만, 오늘은 눈이 내리지 않았다. 바닥이 얼지 않아서 다행이었다.

맹추위

| 가장 추운 날, 외출 했다. 만 오천 보를 걸으며 일과를 마치고 돌아오니 온몸이 꽁꽁 얼어 있었다. 좁고 불편하다고 생각한 우리 집이 그 어느 곳보다 아늑하고 포근하다는 걸 알았다.

| 며칠간 끙끙 앓으며 집안에서만 있었다. 보일러 온도는 최소한으로 맞춰두고, 두꺼운 겨울 양말과 스웨터를 꺼내 입었다. 영심이도 하루 내내 자신의 담요 위에서 창틈으로 들어오는 볕을 따라 몸을 뒤척였다. 겨울이 너무 길다는 생각과 함께 곧 이런 시간도 다시 멀어질 것을 생각했다. 앓았을 때는 온 세상이 아득했지만, 깨어나고 나니 모든 게 산뜻해졌다. 보리차를 끓이러 침대에서 나와 본다.

| 설날에는 온 가족이 집 앞의 눈을 쓸었다. 내가 가지고 있던 눈삽 손잡이가 먼저 부러지고, 남편이 가지고 있던 것도 부러졌다. 눈은 그치지 않고 다시 흩날리고, 우리는 잠시 숨을 고르며 주변을 돌아보았다. 그래도 여럿이 부지런히 움직인 덕에 눈 속에도 길이 생겼다.

| 눈을 쏠다가 눈동자에 눈가루가 튀었다. 며칠 동안 뿌옇게 흐려진 세상을 바라보다가 안과를 찾아갔다. 우려했던 것과 달리 아무 이상이 없다 하셨다. 과로해서 그런 것일 수 있으니 조금 쉬어가라고 하셨다. 이미 너무 많이 쉬었다고 혼자 생각했다. '올해는 정말 쉬고 싶지 않아, 일하고 싶어!'라고 소리 없이 외쳤다.

| 맹추위는 며칠 뒤면 마무리될 거라고 한다. 몸이 녹으면 다시 움직일 수 있겠지. 겨울이 좋은 이유는 추위를 알게 하기 때문이다. 겨울 끝에 찾아오는 해가 반가운 것을 알아차리게 하니까.

커피 앞에서 쓰기

| 카페에 나가야만 글을 쓸 수 있던 시기가 있었다. 집에서는 도무지 진도가 나가지 않던 이야기도 좋아하는 어느 카페 구석 자리로 가면 거기에서 한참이나 나를 기다리고 있던 것처럼 결국에는 찾아왔다. 하지만 신나게 작업을 마치고 집에 돌아와 읽어보면 그 글은 식어버린 커피처럼 어쩐지 맛이 없었다.

| 원두를 내리듯 쓴 글을 다시 우리고 우려낸다. 커피 드립에 시간과 공이 드는 것처럼, 글쓰기도 그렇다. 같은 원두도 내리는 자세와 마음가짐에 따라 그 맛이 달라지듯이.

| 긴 겨울 내내 주로 집에서 썼다. 쓰려고 했다. 어느 순간부터 글을 쓰기 위해 외출하는 것이 부담이 되어버렸다. 옷을 갈아입고 간단히 자신을 점검하고 밖으로 나가는 일이 큰일처럼 느껴지기 시작했다. 어느 순간부터 심해진 한쪽 눈 경련도 밖으로 나가지 않고부터 시작된 것이었다. 외출이 줄어들면서 커피를 마시는 횟수도 줄어들었고, 글 쓰는 시간도 줄었다. 게을러졌다.

| 다시 안과에 갔다. 선생님은 눈 경련이 안구 건조증 때문일 거라고 하셨다. 인공 눈물을 받아와서 매일 아침과 밤에 넣고 있는데 조준이 쉽지가 않았다. 눈을 뜨고 있을 때 정확히 한 방울을 떨어트리는 일이 이렇게 힘든 일인 줄 몰랐다. 쓸데없이 겁이 너무 많다는 생각이 들었다. 눈을 뜨자. 까짓거 별거 아니라고.

| 다시 책상에 돌아와 새롭게 내린 커피를 앞에 두고 쓴다. 미루던 일을 드디어 한다. 다시 한쪽 눈이 떨려도, 당장 내일은 글을 쓸 여유가 생길지 알 수 없어도. 커피가 식기 전에.

커피 앞에서 쓰기

김영주 수첩산문집

초판발행　|　2025년 4월 28일
글쓴이　　|　김영주
펴낸곳　　|　밑줄서가
출판등록　|　2024년 1월 23일(제2024-000011호)
이메일　　|　zero-week@naver.com
ISBN　　 |　979-11-986521-5-7

값 11,000원

이 책의 저작권은 글쓴이와 밑줄서가에 있습니다.
이 책은 저작권법에 따라 보호받는 저작물이므로 무단전재 및 무단복제를 금지합니다.